SIEBENUNDNEUNZIGMAL

„AUF"

SPÜREN

AF206141

HERTALDIS OFFERMANN

SIEBENUNDNEUNZIGMAL

„AUF"

SPÜREN

Bibliografische Information der Deutschen
Nationalbibliothek:

Die Deutsche Nationalbibliothek verzeichnet diese
Publikation in der Deutschen Nationalbibliografie;
detaillierte bibliografische Daten sind im Internet über
http://dnb.dnb.de abrufbar.

Lyrik © 2017 Hertaldis Offermann, Berlin

Herausgeber und Gestaltung:
Ralf Höpfner, Hamburg
Fotos © 2017 Hertaldis Offermann, Berlin

Herstellung und Verlag:

BoD – Books on Demand, Norderstedt © 2017

ISBN: 978-3-746-00962-9

VORWORT

WER DIE REIHE VERFOLGT

ERKENNT MEINE ABSICHT

DER EIGENEN SPRACHE

„AUF" DIE SCHLICHE ZU KOMMEN

UND DEN SINNUNTERSCHIED

DURCH VORSILBEN MEHR ZU SPÜREN

ALS DURCH DAS „AUF" GESCHRIEBENE

AUFDECKEND AUFGETISCHT ZU BEKOMMEN

ICH SAMMLE NUR

WILL NICHT AUFKLÄREN

NICHT AUFZWINGEN

NUR HOFFEN

DASS MANCHER SINN

DURCH EIGENE GEDANKEN BEIM LESEN

IM SUCHENDEN GEIST AUFLODERT

Hertaldis Offermann Berlin, den 10.10.2017

DER ARZT HORCHT AUF DIE TÖNE VOM HERZEN

DER LAUSCHER AN DER WAND

WIR HORCHEN AUF DAS KNISTERN DES FEUERS

ODER AUF DIE VÖGEL IM WALD

ABER AUFHORCHEN

SIGNALISIERT WAS BESONDERES

DAS REH IM GEBÜSCH

ODER DAS GERÄUSCH IM HAUS IN DER NACHT

UNS BEREIT ZU FLUCHT

ODER ANGRIFF STETS MACHT

DOCH AUCH WENN BESONDERS

NEUES VERKÜNDET WIRD

IST AUFHORCHEN

MIT UNSERER NEUGIER VERBÜNDET

BAUEN KÖNNEN WIR

HÄUSER GEDANKENKONSTRUKTE STRASSEN

BRÜCKEN SANDBURGEN MASCHINEN

UND VIELES MEHR

WOLLEN WIR ABER AUFBAUEN

DANN BRAUCHEN WIR EINE GRUNDLAGE

ODER ETWAS LIEGT DANIEDER

OB MATERIELLES ODER DIE STIMMUNG

MENSCHEN DIE WENIG EIGENES

ZU BERICHTEN HABEN

BAUSCHEN OFT KLEINSTE EREIGNISSE

ZUM SCHEINBAR BESONDEREN

BESONDERES WIRKT DURCH SEINEN GEHALT

UND BEDARF DESHALB NICHT DES AUFBAUSCHENS

WER KINDER BEOBACHTET KENNT IHR BOCKEN

ES ÄHNELT DEN KLEINEN SPRINGENDEN ZICKLEIN

ODER SCHÄFCHEN

DIE UNS IHREN EIGENEN WILLEN DAMIT ZEIGEN

WILL ICH ABER EIN RAD WECHSELN

MUSS ICH DAS FAHRZEUG AUFBOCKEN

ALSO SPRINGT HIER NUR DER MONTEUR

UM DAS AUTO HERUM

STEIN FÜR STEIN KANN MAN MAUERN

ALSO DURCH MÖRTEL VERBINDEN

WILL MAN DIE OBERKANTE BESONDERS GESTALTEN

WIRD MAN OFT AUFMAUERN GESIMSE

AUCH FIGUREN UND NEDAILLONS

ZIEREN OFT FEINE FASSADEN

UND MAN KONNTE SIE NUR DURCH AUFMAUERN

AN BESONDEREN STELLEN PLAZIEREN

WIR SPÜREN EINE STIMMUNG

EINE ATMOSPHÄRE

EINE ANZIEHUNG ODER ABLEHNUNG

BEIM BEGEGNEN MIT EIGENTLICH

FREMDEN MENSCHEN

DOCH AUFSPÜREN KANN MAN NUR

EINE MATERIELLE SPUR

WENN ETWAS VERSTECKTES ODER GEPLANTES

NOCH NICHT IN DER AUSSENWELT

AUFTAUCHEN SOLL

DAS AUFSPÜREN VERLANGT OFT

INTENSIVE GEISTIGE ARBEIT DIE DURCH INTUITION

UNTERSTÜTZT WERDEN KANN

DENN PUZZLES MÜSSEN IN DER VORSTELLUNG

ERGÄNZT WERDEN

OFT ÜBERNIMMT SPEZIELLE TECHNOLOGIE

DIESE ARBEIT

UNSERE AUGEN SEHEN DAHIN
WO UNSERE AUFMERKSAMKEIT SIE HINLENKT

DOCH ERREGEN WIR AUFSEHEN
ZIEHEN WIR DIE AUFMERKSAMKEIT ANDERER
AUF UNS

DAS STACHELN IST EINE TYPISCHE
UNANGENEHME EIGENSCHAFT DER STACHELN
ABER ES GIBT MENSCHEN
DIE FÜHLEN SICH NUR WOHL
WENN SIE STACHELN KÖNNEN

FÜHRT DAS ZUM AUFSTACHELN EINER GRUPPE
IST ES VORSÄTZLICH BOSHAFT
UND OFT SOGAR GEFÄHRLICH

DAS ARBEITEN IST EINE
NOTWENDIGE BESCHÄFTIGUNG
DIE BEZAHLT WIRD UND WIR DAMIT
UNSEREN LEBENSUNTERHALT VERDIENEN

HÖREN WIR DAS WORT AUFARBEITEN
DANN KEHRT SICH UNSER GEIST SOFORT
IN DIE VERGANGENHEIT
DUNKLES DURCHLEUCHTEN
VERSTÄNDLICH WERDEN LASSEN
UND BEWERTEND DAZU STELLUNG NEHMEN

ACH WAS WIR NICHT ALLES BEGEHREN
VON DER TORTE IM KONDITOREIFENSTER
BIS ZUM SCHICKEN AUTO DES NACHBARN

FÜHLEN WIR UNS ABER FALSCH BEURTEILT
ODER MIT ZU VIEL ARBEIT BELADEN
WERDEN WIR ZUNÄCHST INNEN
UND DANN VIELLEICHT AUCH NACH DRAUSSEN
AUFBEGEHREN

WIR SCHLAGEN MIT DER HAND
STELLVERTRETEND AUF DEN TISCH
UM EINER FORDERUNG NACHDRUCK ZU VERLEIHEN
NACH EINER MÜCKE SCHLAGEN WIR
IN DER HOFFNUNG
DASS WIR SCHNELLER SIND ALS IHR STACHEL

ABER BÜCHER MÜSSEN WIR AUFSCHLAGEN
UM IN IHNEN ZU LESEN
KANN EIN TURMSPRINGER SEINEN SPRUNG
NICHT KORREKT STEUERN
WIRD ER SCHMERZHAFT AUFSCHLAGEN

HABE ICH DIE BESSEREN ARGUMENTE
IN EINER DISKUSSION
KANN ICH DAMIT TRUMPFEN

ABER VOR DEM AUFTRUMPFEN
SOLLTEN WIR UNS HÜTEN
DENN DANN VERLIERT DER WIRKLICHE TRUMPF
AN GEWICHT

TAUCHEN IST EIN GANZ SPEZIELLER SPORT

GESUNDHEIT VON KÖRPER GEIST UND SEELE

SIND VORAUSSETZUNG

ABER GANOVEN TAUCHEN GERN UNTER

DAMIT SIE NICHT ENTDECKT WERDEN

UND DAS NICHT IM WASSER

DAS AUFTAUCHEN BRISANTER INFORMATIONEN

FÜHRT OFT ZU TURBULENZEN

UNTER DEN MENSCHEN

WIE DAS AUFTAUCHEN EINES U-BOOTES

DIE WASSEROBERFLÄCHE BEWEGT

UNSER LEBEN TRAGEN WIR BIS ZUM ABGANG

MIT UNS HERUM

WIE WIR MIT DEN HÄNDEN LASTEN TRAGEN

ODER EINE FRISUR TRAGEN

DOCH AUFTRAGEN WERDEN WIR

DIE LECKEREN SPEISEN UNSEREN GÄSTEN

ODER DIE SCHMINKE

UM UNSER AUSSEHEN ZU VERÄNDERN

WIR TÜRMEN WENN UNS EIN FEIND VERFOLGT

DOCH AUFTÜRMEN LASSEN WIR UNS
DIE EISKUGELN AUF UNSERER WAFFEL
WENN SICH DAS UNERLEDIGTE
AUF UNSEREN SCHREIBTISCHEN
ODER IN UNSEREN WOHNUNGEN
BEGINNT AUFZUTÜRMEN
DANN BEKOMMEN WIR GROSSE LUST ZU TÜRMEN

WIR TRETEN IN DAS BERUFSLEBEN EIN

UND HINTERLASSEN BEREITS
MIT DEM ERSTEN AUFTRETEN
EINEN BESTIMMTEN EINDRUCK

MÜTTER WACHEN AM BETT
DER KRANKEN KINDER GEDULDIG

BIS NACH EINEM GENESENDEN SCHLAF
SIE WIEDER GESUND AUFWACHEN

WIR WICKELN DIE HAARE UM DEN WICKLER

DIE RINDSROULADE UM DIE FÜLLUNG

DEN SCHAL UM DEN ZU WÄRMENDEN HALS

ODER DAS GESCHENKPAPIER UM DAS PAKET

ABER AUFWICKELN MÜSSEN WIR

WOLLE ZUM KNÄUEL

DAMIT WIR STÖRFREI STRICKEN KÖNNEN

ODER DIE SPULE FÜR EINEN MAGNETEN

SOWIE SCHNÜRE AUF EINE ROLLE

DAMIT SIE BENUTZBAR BLEIBEN

WIR GEBEN DIE EIER IN DEN TEIG

DAS SALZ IN DIE SUPPE DEN WEIN DEM GAST

DOCH WENN WIR UNSERE TRÄUME AUFGEBEN

BERAUBEN WIR UNS DES WICHTIGSTEN MOTORS

FÜR DIE NOTWENDIGE KRAFT

ALLTÄGLICHER MÜHEN

DER ZAHNARZT WILL

IN VORBEREITUNG EINER SANIERUNG

DIE SCHADHAFTE STELLE SAUBER BOHREN

SOLL ABER DER DÜBEL IN DIE WAND

MUSS ICH DIE UNVERSEHRTE WAND

ERST MAL AUFBOHREN

AUCH DIE GEOLOGEN BOHREN IM GESTEIN

UM ES ZU UNTERSUCHEN

DOCH DAS AUFBOHREN EINES SCHLOSSES

DIENT MEIST ZUM ÖFFNEN

OHNE PASSENDEN SCHLÜSSEL

WIR DREHEN UNS VOR DEM SPIEGEL
UM UNSERE KLEIDUNG ZU BEURTEILEN
ODER DEN KOPF
WENN WIR NACH EINEM ERSEHNTEN MENSCHEN
AUSSCHAU HALTEN
AN SCHRAUBEN HEBELN UND VIELEM MEHR

ABER IM WINTER SOLLTEN WIR
DIE HEIZUNG AUFDREHEN
DAMIT ES WARM IM HEIM WIRD

BEIM BRÜHEN IST DER UNTERSCHIED ENG
DENN DIE WEISSWÜRSTE BRÜHEN WIR NUR

DOCH DEN TEE SOLLTEN WIR AUFBRÜHEN
DER UNTERSCHIED LIEGT NUR
IN WENIGEN WÄRMEGRADEN DES WASSERS
GENAU WIE WIR DAS KRAUT
FÜR DIE KRAUTROULADEN NUR BRÜHEN

DER HUND WIRD MIR

DEN GEWORFENEN BALL BRINGEN

DAMIT ER BELOHNUNG ERHÄLT

DER FREUNDIN WERDE ICH

DIE BLUMEN ODER DAS GESCHENK BRINGEN

DAMIT SIE MIR WOHLGESSONNEN BLEIBT

HABE ICH JEDOCH SCHULDEN

MUSS ICH DAS NÖTIGE GELD AUFBRINGEN

DAMIT ICH WIEDER UNABHÄNGIG WERDE

AUCH FÜR EIN PERSÖNLICHES ZIEL

MUSS ICH OFT ENORME KRÄFTE AUFBRINGEN

UM ES ZU ERREICHEN

WER KENNT NICHT DIE GEBOGENEN SEGEL

DIE IM WINDE BLÄHEN

UND SO DAS SCHIFF VORANTREIBEN

DOCH ENTDECKST DU AM OBSTKOMPOTT

KLEINE BLÄSCHEN DIE SICH AUFBLÄHEN

SOLLTEST DU VOM GENUSS ABSTAND NEHMEN

DAS BRECHEN FÜHRT UNS

SOWOHL ZUM KÖRPER UND ABLÄUFEN

ALS AUCH ZU GEGENSTÄNDEN

STÜRZE ICH UNGESCHICKT

WERDE ICH MIR VIELLEICHT ETWAS BRECHEN

SCHOKOLADE KANN ICH BRECHEN

VOR DEM GENUSS

HABE ICH EINE REISE VOR WERDE ICH

ZUM GEPLANTEN ZEITPUNKT AUFBRECHEN

AUCH DIE SCHALE EINER NUSS

MUSS ICH AUFBRECHEN

WIE GERN DRÜCKEN SICH FREUNDE

ZUR BEGRÜSSUNG

DIE FORM WERDEN WIR

IN DEN PFEFFERKUCHENTEIG DRÜCKEN

DOCH FREMDE PFLICHTEN

LASSEN WIR UNS NIEMALS GERN AUFDRÜCKEN

WEIL ES GEGEN UNSEREN WILLEN GESCHIEHT

WIR FÜHREN DEN HUND AN DER LEINE
DEN PARTNER BEIM TANZEN
DIE KINDER AN DER HAND

GEHT ES ABER UM DAS AUFFÜHREN
EINES THEATERSTÜCKES
IST ÜBEN PROBEN UND PUBLIKUM VERLANGT
OFT HÖREN WIR AUCH SAGEN
SIE SOLLTEN SICH NICHT SO AUFFÜHREN
ALSO IN DEN MITTELPUNKT DRÄNGEN

MANCHMAL DECKEN WIR EINEN FEHLER
WEIL WIR KEINE BÖSE ABSICHT VERMUTEN

DOCH SIND DIE FOLGEN SEHR SCHWERWIEGEND
DANN SOLLTEN WIR BEIM AUFDECKEN HELFEN
ALSO ETWAS SICHTBAR MACHEN
UM GRÖSSEREN SCHADEN ZU VERMEIDEN
WENN SICH MENSCHEN IM SCHLAF AUFDECKEN
WERDEN WIR WIEDER EINE DECKE ÜBER SIE DECKEN
UM ERKÄLTUNG ZU VERHINDERN

ESSEN IST EINE DER SCHÖNSTEN BESCHÄFTIGUNGEN

ALLEN TIERISCHEN

UND DAMIT AUCH MENSCHLICHEN LEBENS

VERLANGEN DIE ELTERN ODER ERZIEHENDEN ABER

IN JEDEM FALLE DAS AUFESSEN

KANN DAS SOGAR DIESES GRUNDVERGNÜGEN

VERDERBEN

NIEMAND KANN EINEN MENSCHEN ZWINGEN

DIE MEINUNG ZU SAGEN

DOCH VIELE VERSUCHEN ANDEREN

IHRE EIGENE MEINUNG AUFZUZWINGEN

WIR FORDERN VON UNS LEISTUNGEN
UM UNS UNSEREN WÜNSCHEN ENTSPRECHEND
ENTFALTEN ZU KÖNNEN
VON UNSEREM UMFELD FORDERN WIR
DASS WIR DABEI NICHT GESTÖRT WERDEN

WENN WIR ZUM TANZE AUFFORDERN
ERWARTEN WIR KEINE ABLEHNUNG
DER FAHRKARTENKONTROLLEUR
WIRD DIE FAHRGÄSTE AUFFORDERN
DIE TICKETS ZU ZEIGEN
ICH FORDERE VON MIR
ABER AUFFORDERN KANN ICH NUR ANDERE

DER GLASBLÄSER BLÄST SEINE LUFT
IN DEN GLASTROPFEN
UND FORMT DADURCH KUNSTVOLLE GEBILDE
DER LUFTBALLON WIRD DURCH DAS BLASEN
IMMER GRÖSSER

DOCH LEUTE DIE SICH AUFBLASEN
WERDEN IMMER KLEINER
WEIL ALLE DIE ZUGEFÜGTE LUFT WIEDER ABZIEHEN

RECHNEN LERNEN WIR SCHON VOR DER SCHULE

DENN

OB WIR ZWEI ODER VIER BONBON HABEN WOLLEN

WISSEN WIR SCHON SEHR FRÜH

DOCH WENN PARTNER BEGINNEN

MIT DEM AUFRECHNEN DER FEHLER DES ANDEREN

ODER DEN OPFERVOLLEN EIGENEN LEISTUNGEN

IST DIE PARTNERSCHAFT VORBEI

VORZÜGE NACHTEILE SCHULDEN GUTHABEN

ALLES LÄSST SICH AUFRECHNEN

UND UNTER DEM STRICH ALS ERGEBNIS ERLEBEN

ECHTE PARTNER RECHNEN NUR ZUM VORTEIL

DES ANDEREN

WENN WIR UNGEDULDIG

AM REISSVERSCHLUSS REISSEN

RISKIEREN WIR SEINE ZERSTÖRUNG

DIE TABAKPFLANZEN MÜSSEN DIE ERNTEHELFER

VON DEN STANGEN REISSEN

UM DIE BLÄTTER ZUM TROCKNEN ZU SAMMELN

ABER EINEN BRIEF WERDEN WIR UNGEDULDIG

AUFREISSEN WENN WIR AUF NACHRICHT

VOM GELIEBTEN MENSCHEN WARTEN

EBENSO WIE DAS VERPACKTE GESCHENK

DARAUF WARTET DASS WIR ES AUFREISSEN

WEIL WIR DADURCH AUCH DEM SCHENKENDEN

DURCH DIE GEZEIGTE UNGEDULD

FREUDE BEREITEN

WIR REIHEN UNS GEDULDIG IN EINE

WARTESCHLANGE

WENN WIR EINE KARTE FÜR EIN EREIGNIS

ERGATTERN MÖCHTEN

WIE WIR UNS AUCH IN DIE

ABFERTIGUNGSSCHLANGE ZUM EINSCHECKEN

ZUR URLAUBSREISE REIHEN

WOLLEN WIR EINE PERLENKETTE GESTALTEN

MÜSSEN WIR DIE PERLEN

NACH UNSEREN VORSTELLUNGEN AUFREIHEN

AUCH DIE ERINNERUNGSFOTOS

DIE UNS UNSER ERLEBEN

IN DAS GEDÄCHTNIS ZURÜCKHOLEN SOLLEN

WERDEN WIR ZEITABLAUFEND AUFREIHEN

UM SIE IN DIE ALBEN ZU KLEBEN

DIE GEKÜNDIGTE WOHNUNG

MÜSSEN WIR TERMINGERECHT RÄUMEN

UND AUCH DER AUFFORDERUNG DER POLIZEI

EINEN GEFÄHRDETEN ORT ZU RÄUMEN

WERDEN WIR FOLGE LEISTEN

DOCH AUFRÄUMEN MÜSSEN WIR JEDEN TAG

WEIL LEBEN IMMER SPUREN HINTERLÄSST

UND WIR AUCH ZUM NÄCHSTEN ZEITPUNKT

WIEDER AUF DIE IN UNS GESPEICHERTE

ÄUSSERE ORDNUNG BEQUEM ZURÜCKGREIFEN

WOLLEN

PASSEN MUSS DER SCHUH DAS KLEID DER ANZUG

AUCH DER BERUF SOLLTE PASSEN ZUM WUNSCH

ABER AUFPASSEN MUSS MAN NICHT NUR

AUF SCHUTZBEFOHLENE UND ANVERTRAUTE

NEIN

DENN IN JEDEM MOMENT

MUSS MAN AUCH AUFPASSEN AUF SICH

OB DER VERKEHR AUF DER STRASSE

DER UMGANG MIT MENSCHEN

DAS WETTER DRAUSSEN

DIE LUFT IM RAUM

EBEN ALLES WAS UNS SCHADEN KÖNNTE

VERLANGT NACH SOLCHER WACHSAMKEIT

OPFERN KANN ICH DEN LETZTEN LECKEREN BISSEN

VON MEINEM FLEISCH DEM HUND

EINEN KLEINEN OBULUS IN DIE KOLLEKTE

EINEN KLEINEN BETRAG FÜR DEN BETTLER

DOCH AUFOPFERN VERLANGT SELBSTLOSE LIEBE

DENN DAS EIGENE BEDÜRFNIS

WIRD HINTENAN GESTELLT

PEPPELN IST DER UNGESUNDE BRUDER

VOM FÜTTERN

VIELE FETTE VERDANKEN IHRE FIGUR

WEIL IHRE ELTERN SICH DARIN GUT VERSTANDEN

DOCH AUFPEPPELN IST DAS SOZIALE GESCHENK

DEM ABGEWIESENES LEBEN DAS WACHSEN

VERDANKT

DIE AUTOSITZE POLSTERN WIR

DAMIT WIR WEICH DARIN FEDERN

EBENSO WIE DIE SITZMÖBEL IM WOHLIGEN HEIM

KÜCHENSTÜHLE POLSTERN WIR SELTEN

DENN DAS AUFRECHTSITZEN

IST BESSER ZUM GEDEIH'N

SIND NUN VIELE JAHRE DIE POLSTER GENUTZT

UND KÖNNEN WIR UNS VOM ALTEN NICHT LÖSEN

WERDEN WIR EIN MÜHSAMES AUFPOLSTERN

ANSTREBEN

MANCHER VERFÄHRT AUCH SO MIT DEM GELD

ER POLSTERT SICH AB FÜR MAGERE ZEITEN

DOCH KANN ER ES TROTZ GUTER POLSTER

NICHT LASSEN

WÄHLT ER DAS AUFPOLSTERN

BIS ZUM EIGENEN VERBLASSEN

SÄUREN FRESSEN SCHÄDEN

IN VERSCHIEDENES MATERIAL

OB DER ROST DIE SCHIFFSPLANKEN FRISST

ODER DIE BRÜCKENPFEILER

IMMER DROHT GEFAHR

WEIL WIR ALS MENSCHEN

NICHT GENÜGEND KRAFT AUFBRINGEN UM

UNS GEGEN BESTIMMTE TIERE ZU WEHREN

HABEN WIR PANISCHE ANGST

VOR DEM AUFFRESSEN

OB KROKODILE BÄREN LÖWEN

ODER ABER AUCH BEI HILFLOSIGKEIT

VON KLEINSTEN FRESSERN

AUFGEFRESSEN ZU WERDEN

FRISST MEHR AN UNSERER SEELE ALS

DAS WIRKLICHE AUFFRESSEN MANCHMAL DROHT

LEHRER FORDERN LEISTUNGEN VON SCHÜLERN

ARBEITNEHMER IHREN LOHN VOM ARBEITGEBER

SIE WOLLEN NICHT ERST EXTRA AUFFORDERN

ZU LEISTUNGEN

DIE SELBSTVERSTÄNDLICH SEIN MÜSSTEN

DIE VERKEHRSKONTROLLE WIRD AUFFORDERN

ZUM ANHALTEN

UND DANN DIE FAHRZEUGPAPIERE FORDERN

MIT DEN HÄNDEN FASSEN WIR ZU

UND DER GOLDSCHMIED WIRD DEN EDELSTEIN

IN EDELMETALL FASSEN

DOCH REDEN WIR VOM AUFFASSEN

DANN MEINEN WIR

DIE MÖGLICHKEIT DES VERSTANDES

DEN INHALT ZU FASSEN

AUCH EINER AUFFASSUNG KANN MAN SEIN

DANN ÄUSSERT MAN DIES IN EINER MEINUNG

RÜCKEN HIN UND RÜCKEN HER

KANN MAN IN DEN TRÜFFELAUSLAGEN

EINER KONFISSERIE BEOBACHTEN

UM DIE LÜCKEN IM VERKAUFSTRESEN

ZU SCHLIESSEN

AUCH IN ÖFFENTLICHEN VERKEHRSMITTELN

RÜCKEN DIE FAHRGÄSTE

UM FÜR ZUSTEIGENDE PLATZ ZU SCHAFFEN

DIE MÖBEL WERDEN WIR BEIM GESTALTEN

UNSERER WOHNUNG RÜCKEN

ABER AUFRÜCKEN

IST IN EINER SCHLANGE ANGESAGT

EGAL OB BEI ANSTEHEN AN DER KASSE

ODER MIT DEM AUTO IM STAU

ZUM FLIEGEN BRAUCHEN VÖGEL DIE FLÜGEL

DIE MENSCHEN DAS FLUGZEUG

ODER BEIM STÜRZEN WIRKT DIE SCHWERKRAFT

ZUM „FLIEGEN"

ABER AUFFLIEGEN

ZEIGT EINE ENTDECKTE UNERLAUBTE

GEPLANTE ODER BEGANGENE TAT AN

DAMIT IST NICHT DAS AUFFLIEGEN EINES

VOGELSCHWARMS GEMEINT

DIE BLÄTTER FALLEN VON DEN BÄUMEN

AUCH REIFE FRÜCHTE FALLEN

DOCH WER AUFFALLEN WILL

MUSS SICH AUS DER ALLGEMEINHEIT HERAUSHEBEN

MANCHER WILL AUFFALLEN

DURCH KLEIDUNG FRISUR ODER GEBAREN

ANDERE DURCH BESONDERE GEISTIGE

ODER KÜNSTLERISCHE LEISTUNGEN

FAHREN KANN MAN NUR

WENN DAS GANZE AUF RÄDERN LAGERT

DOCH MUSS DAS ROLLENDE UNTERGESTELL

DURCH EIN BLOCKIERSYSTEM GESTEUERT WERDEN

VERSAGT DER BREMSMECHANISMUS

DURCH EINE UNACHTSAMKEIT

ODER ZU STARKEN ANTRIEB

KOMMT ES ZUM AUFFAHREN

FAHREN BRINGT FREUDE

AUFFAHREN ÄRGER

WIR GEHEN JEDEN TAG SEHR SELBSTVERSTÄNDLICH

MIT UNSEREN BEINEN ZU UNSEREN ZIELEN

VON UHREN SAGT MAN DASS SIE GEHEN

WENN DIE ZAHNRÄDER INEINANDERGREIFEN DIE

DIE ZEIT ANZEIGEN

DAS AUFGEHEN BESCHREIBT DIE ENTFALTUNG

DER BLÜTEN BEI PFLANZEN

ODER DIE HEFEWIRKUNG BEIM TEIG

WENN MAN SICH IN EINE AUFGABE HINEINKNIET

IST DAS DAS AUFGEHEN IN DAS SPEZIELLE HANDELN

WÄSCHEKLAMMERN HALTEN

DIE WÄSCHE AN DEN LEINEN

HAKEN DIE BILDER AN DEN WÄNDEN

DIE HÄNDE HALTEN DAS BESTECK BEIM DINNIEREN

DOCH AUFHALTEN WERDE ICH DIE TÜTE

BEIM EINPACKEN DES EINGEKAUFTEN

ODER DEN FLIEHENDEN DIEB

WENN ICH DAZU FÄHIG BIN

ABER NICHT AUFHALTEN KANN IRGENDWER

DAS ALTERN ODER DIE ZEIT

DIE BLUMEN GIESSEN WIR

UM IHNEN WACHSTUM ZU ERMÖGLICHEN

WENN SIE VOM NATÜRLICHEN REGEN

AUSGESCHLOSSEN SIND

DEN GEMAHLENEN KAFFEE

MÜSSEN WIR WENIGSTENS MIT KOCHENDEM

WASSER AUFGIESSEN UM IHN

GENÜSSLICH TRINKEN ZU KÖNNEN

ZUM HELFEN SIND ALLE AUFGEFORDERT

DOCH NICHT ALLE KOMMEN DER BITTE NACH

DAS HELFEN SOLLTE

AUS INNERSTEM ANTRIEB PASSIEREN

DENN NUR DANN IST ES SELBSTVERSTÄNDLICH

DASS MENSCHEN EINEM GESTÜRZTEN AUFHELFEN

WUNDERT KAUM JEMAND

DOCH DAS MÜHSAME ERHEBEN

ÄLTERER MENSCHEN VOM STUHL

IST KAUM EIN SIGNAL FÜR FREMDE

IHNEN AUFZUHELFEN

SIRENEN HEULEN ALARMIEREND

UM AUF GEFAHREN AUFMERKSAM ZU MACHEN

HÖRST DU ABER IM STRASSENVERKEHR

NEBEN DIR EINEN MOTOR AUFHEULEN

WEISST DU DASS EIN SPINNER

DER KRAFTFAHRER IST DENN ER ZEIGT ALLEN

DASS ER WEDER MIT DER MASCHINE

NOCH MIT DEM KRAFTSTOFFVERBRAUCH

NOCH MIT DEN MITMENSCHEN SORGSAM UMGEHT

HUNDE JAULEN WENN SIE SEHNSUCHT

NACH IHREM HERRCHEN ODER FRAUCHEN HABEN

VERPASST IHM ABER DIE KATZE EINEN HIEB

WIRD ER AUFJAULEN

ODER AUCH WENN ER GEGEN SEINEN WILLEN

IM FELL GEGRIFFEN WIRD

KANN EIN FRIEDLICHER HUND LAUT AUFHEULEN

EIN BISSIGER BEISST

EIN „VERWÖHNTES" MUTTERSÖHNCHEN

WIRD AUFJAULEN

JÄGER GEHEN IN DEN WALD UM ZU JAGEN
SIND LEISE UND BEHUTSAM
DENN SIE WOLLEN DIE RUHENDEN TIERE
NICHT AUFJAGEN

HIER WIRD DER WIDERSINN DER VORSILBE
GANZ DEUTLICH
DENN AUFJAGEN VERTREIBT DIE JAGDTIERE

WIR KAUFEN WAS WIR BRAUCHEN
WAS WIR WÜNSCHEN
WORAUF WIR LUST HABEN

DOCH HÄNDLER WERDEN EINE MARGE
DIE SEHR GÜNSTIG IST
IM GROSSHANDEL AUFKAUFEN
DAMIT SIE KONKURRENZLOS
DIE WARE TEUER VERKAUFEN KÖNNEN
UM GEWINN ZU ERZIELEN

FINGER KLEBEN

NACH GENÜSSLICHEM KUCHENESSEN

MIT DEN FINGERN

DAS BONBONPAPIER WIRD MANCHMAL

ZU FEST AN DER SÜSSIGKEIT KLEBEN

DOCH AUFKLEBEN WERDE ICH DIE BRIEFMARKE

UM ZU FRANKIEREN ODER

DAS ETIKETT AUF DIE GEKOCHTE MARMELADE

GEMÜSE MUSS MAN OFT KOCHEN

UM ES GENIESSBAR ZU MACHEN

WENN ICH EINWECKEN WILL

SOLLTE ICH DAS OBST AUFKOCHEN

DAMIT ALLE KEIME VERNICHTET WERDEN

AUCH SÜLZE SOLLTE MAN DURCH DAS AUFKOCHEN

DER GELATINE HALTBAR

UND SCHNITTFEST MACHEN

ZEICHNEN IST NICHT NUR

EINE BELIEBTE KINDERBESCHÄFTIGUNG

AUCH KÜNSTLER UND MODEMACHER

NUTZEN DAS ZEICHNEN

BEVOR SIE IHRE IDEEN

AUF ANDERE MATERIALIEN ÜBERTRAGEN

WOLLEN WIR ABER EINE SENDUNG IM FERNSEHEN

ZU ANDERER ZEIT

ALS IM NORMALPROGRAMM SEHEN

MÜSSEN WIR SIE AUFZEICHNEN

EIN BEDEUTSAMES TELEFONAT

KANN MAN AUFZEICHNEN

UM ES BEZEUGEN ZU KÖNNEN

DAS ATMEN IST DIE VORAUSSETZUNG
FÜR JEDES LEBEN OB MENSCHEN TIERE PFLANZEN
ALLE TAUSCHEN WAS VON DRAUSSEN
NACH DRINNEN UND WIEDER RAUS

DOCH BEDRÜCKT UNS EINE SORGE
EINE BEFÜRCHTUNG ODER EINE LAST
WERDEN WIR ZUFRIEDEN AUFATMEN
WENN ALLES VORBEI

DAS BRAUSEN IST EINE LUSTVOLLE METHODE
SICH ZU WASCHEN ODER ZU ERFRISCHEN

ABER MANCHE GEMÜTER FALLEN AUF
DURCH AUFBRAUSEN
WEIL SIE SICH SO WENIG IN DER GEWALT HABEN
SO WIE DIE WASSERTROPFEN
DEN GANZEN KÖRPER BEIM BRAUSEN BENETZEN

WIR WERTEN BEI ALLEM WAS WIR TUN

STETS SUCHEN WIR

DAS FÜR UNS BESSERE ZU ERHASCHEN

DIE SKALA WIRD IMMER BEMÜHT

OB ES EIN MENSCH

EINE VERANSTALTUNG EIN GEGENSTAND IST

DER SICH DER BEWERTUNG STELLEN MUSS

ABER AUFWERTEN WERDEN WIR MANCHMAL

DURCH NEUE ERFAHRUNGEN

WAS WIR BEI DER ERSTEN BEGEGNUNG

NICHT RICHTIG BEWERTET HATTEN

ZIEHEN WIR AN EINEM ENDE

WIRD DAS ANDERE ENDE SICH DORTHIN BEWEGEN

MAN ZIEHT AN EINER NASE

UND DER MENSCH WIRD SICH BESCHWEREN

DOCH WENN WIR EINE UHR NICHT AUFZIEHEN

HABEN DIE FEDERN KEINE SPANNUNG

UND SIE KANN UNS DIE ZEIT NICHT ZEIGEN

WENN WIR MENSCHEN AUFZIEHEN

SOLLTEN WIR IN DECKUNG GEHEN

DASS SICH IHRE SPANNUNG

NICHT GEGEN UNS ENTLÄDT

DIE TRÄNEN WISCHEN WIR UNS AUS DEN AUGEN

DIE FLECKEN VON DER AUTOSCHEIBE WISCHEN WIR

GRÜNDLICH AB

DOCH IST EIN WASSEREIMER UMGEFALLEN

MÜSSEN WIR UNS MIT DEM AUFWISCHEN

SCHNELLSTENS BEEILEN

WEIL DAS WASSER SO SCHNELL DAVON RENNT

ARTISTEN WIRBELN AM TRAPEZ DURCH DIE LUFT

SCHNEEFLOCKEN VOM HIMMEL ZUR ERDE

WENN ABER FEDERKISSEN SICH MAL DURCH RISS

ENTLEERT HABEN

DANN ERSCHWERT DAS AUFWIRBELN

DURCH LUFTZUG DAS EINSAMMELN MÄCHTIG

MEDIEN ÜBEN SICH OFT

IM AUFWIRBELN UNWICHTIGER EREIGNISSE

WEIL SIE VOM WESENTLICHEN ABLENKEN WOLLEN

DAS WASSER STAUEN WIR

WENN ES ZU BESTIMMTEN ZEITEN ZU VIEL

UM ES IN ANDEREN ZEITEN ZU NUTZEN

ABER WENN WIR ZORN UND WUT AUFSTAUEN

WERDEN SIE NICHT WARTEN

AUF GEEIGNETEN MOMENT UM SICH ZU ENTLADEN

ES IST BESSER DAS AUFSTAUEN

UNANGENEHMER GEFÜHLE ZU VERMEIDEN

UND IMMER EINEN KLEINEN ABFLUSS

OFFEN ZU HALTEN

HUNDE STÖBERN IN JEDEM BUSCH AM WEGESRAND

OB SIE WAS INTERESSANTES RIECHEN

FLIEHEND SPRINGT DER HASE DIE MAUS DAS REH

DAS SICH VERSTECKT GLAUBTE

MENSCHEN STÖBERN IN UNGELESENEN BÜCHERN

AUF DER SUCHE NACH INTERESSANTEM

DOCH DER JAGDHUND

MUSS DIE BEUTE AUFSTÖBERN

DAMIT DER JÄGER SICH MIT IHR BRÜSTEN KANN

MENSCHEN DENEN DIE ARGUMENTE

IM DISPUT AUSGEHEN BEGINNEN ZU SCHREIEN

WEIL SIE DAMIT ÄUSSERLICH

GEWICHTIGER ERSCHEINEN MÖCHTEN

DOCH KOMMT EIN ARTIST BEI SEINER VORFÜHRUNG

INS STRAUCHELN

WERDEN DIE ZUSCHAUER ZUNÄCHST

UNWILLKÜRLICH AUFSCHREIEN

AUCH WENN DIE SHOWEINLAGE

ZUM PROGRAMM GEHÖRTE

DIE ERSCHROCKENHEIT

ERZEUGT EINE SO GROSSE SPANNUNG

DASS SIE SICH IM AUFSCHREIEN ENTLÄDT

WIR SCHNEIDEN UNS EINE SCHEIBE WURST AB

ODER AUS VERSEHEN IN DEN EIGENEN FINGER

DEN STOFF FÜR DAS ZU NÄHENDE KLEID

ODER DIE BLUMEN FÜR EINEN BUNTEN STRAUSS

JEDEM FALLEN VIELE AKTIVITÄTEN EIN

WOBEI DAS SCHNEIDEN SELBSTVERSTÄNDLICH IST

DOCH AUFSCHNEIDEN ALS ANGABE

MEHR AUS EINER LEISTUNG ZU MACHEN

ALS SIE EIGNETLICH WAR

IST EINE EIGENSCHAFT VON SPINNERN

UND PRAHLERN

WER WICHTIGES LEISTET

MUSS NICHT AUFSCHNEIDEN

MANCHE MENSCHEN SAMMELN

KUNSTGEGENSTÄNDE ANDERE BRIEFMARKEN

DIE DRITTEN ALTWAREN

DOCH AUFSAMMELN WERDEN ALLE BLITZSCHNELL

HERUNTERGEFALLENES GELD ODER

DIE ECHTEN PERLEN EINER ZERRISSENEN KETTE

SCHREIBEN IST NEBEM DEM LESEN
DAS HÖCHSTE KULTURELLE GUT
DAS WIR ERLERNEN MÜSSEN
ES BEFREIT UNS VON DER NOTWENDIGEN
RÄUMLICHEN NÄHE BEIM SPRECHEN OHNE TECHNIK
ES VERSCHAFFT DEM EINSAMEN DIE MÖGLICHKEIT
SICH MITZUTEILEN

DAS AUFSCHREIBEN DES WISSENS
IN ALLEN WISSENSCHAFTEN
ERMÖGLICHT ERST DIE WEITERGABE
BIS IN UNSERE ZEIT
DENN INZWISCHEN IST DAS QUANTUM DES
ERFORSCHTEN SO DETAILLIERT
DASS ES NICHT MEHR NUR DURCH SPRACHE
WEITER GEGEBEN WERDEN KANN
SPRACHE IST ZWAR DIE VORBEDINGUNG
DENN NUR WAS GESPROCHEN WERDEN KANN
IN WORTEN
KANN AUCH AUFGESCHRIEBEN WERDEN
DOCH IMPLIZIERT DAS AUFSCHREIBEN
IMMER AUCH DEN MÖGLICHEN WILLEN
ES WEITER ZU GEBEN

WIR STEIGEN EINE LEITER HOCH

ODER IM ANSEHEN EINER GRUPPE

ABER WENN WIR REITEN WOLLEN

MÜSSEN WIR AUFSTEIGEN –

EGAL WELCHEN RANG WIR BEKLEIDEN

EBENSO MUSS DER DRACHE AUFSTEIGEN

WENN WIR IHN AM HIMMEL BEWUNDERN WOLLEN

DASS DIE BÖRSENKURSE STEIGEN

KÖNNEN WIR NUR HOFFEN

MAN KANN FLEISCHBRÜHE KLÄREN

WENN MAN DAS GEKOCHTE DURCH EIN SIEB GIESST

DER SAND HILFT BEIM KLÄREN DES REGENWASSERS

AUF DEM WEG ZUM GRUNDWASSER

GANZ ANDERS IST ES WENN MENSCHEN

EIN MISSVERSTÄNDNIS KLÄREN

DAS ERREICHEN SIE OFT NUR

DURCH GENAUES AUFKLÄREN

VERWORRENES IN DEN GEFÜHLEN UND

IM VERSTAND DURCH INFORMATIONEN AUFKLÄREN

HILFT MEIST DIE DIFFERENZEN ZU KLÄREN

IM STADION HÖRT SICH DIE GEMEINSAME FREUDE

ÜBER EIN TOR AN WIE EIN KREISCHEN

AUS PLÖTZLICHER RUHE

UND SPANNUNG DIE ENTLADUNG

ANDERS IST DAS AUFKREISCHEN EINES EINZELNEN

WENN ER FURCHTBARES SIEHT

DAS ERSCHÜTTERT AUCH DEN HÖRENDEN

OFT IN MARK UND BEIN

SIND SCHNÜRE FÜR IHRE GEDACHTE AUFGABE

ZU KURZ

MUSS ICH SIE KNOTEN UM SIE ZU VERLÄNGERN

IN DER SEEFAHRT FUNKTIONIEREN VERSCHIEDENE

KNOTEN FÜR UNTERSCHIEDLICHE AUFGABEN

WENN MAN ABER SO VERBUNDENES

WIEDER LÖSEN WILL

DANN MUSS MAN OFT SEHR MÜHSAM

DIE SCHLINGEN WIEDER AUFKNOTEN

BEWEGUNGEN IN DER NATUR VIELER TIERE

UND AUCH DES MENSCHEN

WERDEN DURCH DIE FÄHIGKEIT ZU LAUFEN

ERST MÖGLICH

WIR LAUFEN HIN WIR LAUFEN WEG

ABER WIR WOLLEN NIEMALS AUFLAUFEN

DENN DANN SITZEN WIR FEST

OB DURCH DIE FALSCH GEÄUSSERTE BEMERKUNG

ERWARTUNG HOFFNUNG ODER ABER

DAS SCHIFF AUF DEM GRUND

EIN SEHR GUTER AUFLAUF DAGEGEN

IST SEHR LECKER

DENN KANN DAS VERMISCHTE

NICHT MEHR WEGLAUFEN

DIE KATZEN LAUERN VOR DEM ERDLOCH

ODER UNTER EINEM BAUM

AUF MÖGLICHEN FANG

WIR LAUERN VOR FESTEN

AUF DIE HEIMLICH GEHALTENEN GESCHENKE

IM LAUERN STECKT

DIE FREUDIGE ERWARTUNG DAZU

GANZ GEGENSÄTZLICH IST DAS AUFLAUERN

MIT UNGUTER ABSICHT VERBUNDEN

WIR LOCKERN NACH ANSTRENGENDER MÜHE

UNSERE MUSKELN

DURCH GUTES RÜHREN DIE LUFT IN DEN TEIG

DIE BANDAGEN WENN SIE ZU STRAFF

DEN GÜRTEL

WENN WIR ZU GUT UND ZU VIEL GEGESSEN HABEN

ABER DIE VERKNIFFENE STIMMUNG

IN EINER GRUPPE WOLLEN WIR AUFLOCKERN

DURCH EINEN WITZ

ODER EINE ABLENKENDE GESCHICHTE

ODER DURCH DIE ERÖFFNUNG DES BUFFETS

DEN ABGEERNTETEN BODEN

WIRD DER BAUER DURCH PFLÜGEN AUFLOCKERN

FÜR DIE NEUE SAAT

DEN HUND VON DER LEINE LASSEN BEDEUTET
IHM ZU VERTRAUEN DASS ER ZURÜCK KOMMT
KINDER MAL ALLEIN LASSEN
IST DER BEGINN DES VERTRAUENS DASS SIE
NICHTS VERRÜCKTES ANSTELLEN

WENN ICH ABER AUS VERSEHEN
DEN KÜHLSCHRANK AUFLASSE
WIRD DER INHALT VERDERBEN
ODER GAR DIE HAUSTÜR
DANN LADE ICH DADURCH DEN SCHURKEN ERST EIN

WIR LEGEN DAS BESTECK NEBEN DEN TELLER
DEN BRATEN IN DIE PFANNE
DEN TEPPICH AUF DEN BODEN

DER DISCJOKEY WIRD DIE PLATTEN AUFLEGEN
UND DAMIT FÜR STIMMUNG SORGEN
SO WIE DAS AUFLEGEN DER HAND AUF DIE STIRN
MANCHMAL SCHON LINDERUNG VERSCHAFFT

WIR LÖSEN EINE FAHRKARTE

ALS BERECHTIGUNG FÜR EINE REISE

ODER EIN RÄTSEL

AUCH DIE ALTE TAPETE LÖSEN WIR VON DER WAND

ABER AUFLÖSEN MUSS ICH GESTRICKTES

UM DIE WOLLE WIEDER ZU VERWENDEN

ODER VERKLEBTES DURCH LÖSENDES MITTEL

ODER MISSVERSTÄNDNISSE

DURCH MITEINANDER REDEN

WIR WÜNSCHEN UNS DAS LACHEN

IN JEDEM MOMENT

DENN ES IST DAS ZEICHEN DER FREUDE IM IST

EIN PLÖTZLICHES AUFLACHEN

BEIM EINSAMEN FERNSEHEN

DAS DER KEHLE ENTSPRINGT

ERSCHRECKT ABER OFT DIE EIGENE SEELE

WEIL MAN ES IM RAUM HÖRT

IN DEM KEIN ANDERER IST

DIE FLAMMEN LODERN BELEBEND IM KAMIN

DIE GEEIGNETE MENGE UND GRÖSSE DER SCHEITE

IST DIE URSACHE DAFÜR

GERÄT ABER EIN FEUER AUSSER KONTROLLE

ERKENNEN ALLE IM AUFLODERN

EINE RIESENGEFAHR

ERST MACHEN WIR MARMELADE EIN

UND WENN WIR APPETIT HABEN

WERDEN WIR DAS HALTBARGEMACHTE

WIEDER AUFMACHEN

ZUERST MACHEN WIR EINEN PLAN UND DANN

WERDEN WIR UNS AUFMACHEN IHN ZU ERFÜLLEN

WIR BAUEN FENSTER IN HÄUSER EIN

UND MACHEN ES DADURCH

VOM WETTER UNABHÄNGIGER

UND DANN WERDEN WIR SIE AUFMACHEN

UM ZU LÜFTEN

WIR MESSEN DIE MEHLMENGE BEIM BACKEN

DIE FÜSSE DER KINDER BEIM KAUF NEUER SCHUHE

DIE HÖHE DER FENSTER FÜR DIE ROLLOS

WILL ICH ABER EINE WOHNUNG RENOVIEREN

WERDE ICH JEDEN RAUM AUFMESSEN

WIE DER SCHNEIDER WIRD AUFMESSEN

IN VORBEREITUNG SEINER ARBEIT

DAMIT DAS BRAUTKLEID

AUCH WIE DER ANZUG PASST

MAN SPRICHT DESHALB DORT AUCH VOM AUFMASS

JEDER LEHRER KENNT

DAS STUMME MEUTERN EINER KLASSE

WENN EIN ÜBERRASCHENDER TEST ANGESAGT IST

MEUTERN KANN MAN INNEN AUSSEN LEISE LAUTER

ABER DAS AUFMEUTERN VERLANGT SCHON

DAS HANDELN UND DEN WIDERSTAND

GEGEN EINE ORDER ODER GEGEN EINE ORDNUNG

BILDER MALEN MEHL MAHLEN
ZWEI GANZ VERSCHIEDENE ARBEITEN
DIE EINE TRÄGT FARBE AUF
DIE ANDERE ZERSTÖRT DAS KORN
VIELLEICHT ENTSTAND DAS MALEN MIT FARBEN
AUCH AUS DEM ZUVOR NÖTIGEN ZERMALEN
DER METALLE

ABER GANZ ANDERS IST DER SINN DES AUFMALENS
WENN KINDER DIE ERSTE KREIDE BENUTZEN
UND SEHEN DIE STRICHE VON IHREM AUFMALEN
AUF TAFELN
SO GABEN AUCH WEITER ZIEHENDE SIPPEN
INFORMATIONEN DURCH AUFMALEN
AUF FELSWÄNDEN WEITER
AUF STRASSEN KANN MAN OFT SPUREN
VOM AUFMALEN DER HOPSEFELDER
DES KINDERSPIELS ERKENNEN
ODER DIE SPUREN DER SPRAYER
DIE IHRE SYMBOLE AN WÄNDEN AUFMALEN

MONTIEREN KENNEN WIR

ALS ETWAS ZUSAMMENSETZEN

WAS SPÄTER BESTIMMTE FUNKTIONEN HABEN WIRD

DOCH REDEN WIR VOM AUFMONTIEREN

KOMMT ETWAS ZUVOR NICHT GEPLANTES DAZU

ZUM BEISPIEL DIE KAMERA AUF EINEN SKIHELM

ODER DER DACHTRÄGER AUF EIN AUTO

WIR NEHMEN DIE POST ENTGEGEN

GESCHENKE AN

DIE WÄSCHE VON DER LEINE

EIN SONNENBAD AM STRAND

DOCH AUFNEHMEN KÖNNEN WIR GÄSTE

ODER INFORMATIONEN

ODER EINE STIMMUNG IM RAUM

DIE KEINER BESPRICHT

GERÜCHE WERDEN WIR MIT UNSEREN

NASENSCHLEIMHÄUTEN AUFNEHMEN

WIE AUCH RESONANZEN DIE GEFÜHLE BERÜHREN

DIE HERUNTERGEFALLENEN MASCHEN

BEIM STRICKEN VON DER NADEL

MÜSSEN WIR AUCH WIEDER AUFNEHMEN

WENN KEIN LOCH ENTSTEHEN SOLL

DAS NÄHEN WURDE SEHR FRÜH ERFUNDEN

DAMIT DER GANZE KÖRPER

MIT KLEIDUNG BEDECKT

ODER AUCH DIE TIERFELLE

FÜR SCHLAFSTELLEN GENUTZT WERDEN KONNTEN

BIS ZUR KLEINSTEN OPERATIONSNAHNT

IST NÄHEN VERFEINERT

DOCH DAMIT NICHT GENUG

WIR ÜBEN UNS JA AUCH NOCH IM AUFNÄHEN

VON APPLIKATIONEN FLITTER UND STRASS

DAMIT MAN AUCH SEHEN KANN

ZU WELCHER GRUPPE ICH PASS

EHEPAARE SAGEN VOR DEM STANDESBEAMTEN

IHREN ENTSCHLUSS LAUT UND DEUTLICH

UNTER ZEUGEN

UND SIE WERDEN SICH IN DER GELEBTEN

ZUSAMMENSEINSZEIT

NOCH OFT WAHRHEITEN SAGEN

AUFSAGEN MÜSSEN WIR GELERNTE GEDICHTE

WENN DER LEHRER UNS DAZU AUFFORDERT

KLEINE SCHULKINDER SIND SEHR STOLZ

WENN SIE DIE ZAHLENFOLGEN

SCHON FEHLERFREI AUFSAGEN KÖNNEN

MIT DEM SAUGEN AM NUCKEL

ODER AN DER MUTTERBRUST ZEIGT UNS

DAS KLEINE LEBEWESEN SEINEN LEBENSWILLEN

DAS IST BEIM TIER EBENSO WIE BEIM MENSCHEN

SCHNECKEN SAUGEN SICH AM AQUARIUM

AN DIE GLASWÄNDE

UM SICH VON A NACH B ZU BEWEGEN

WIR SAUGEN NOCH ALS ERWACHSENE

AN TRINKFLASCHEN

UND BEI JEDEM KUSS GREIFEN WIR

AUF DIESEN GRUNDREFLEX ZURÜCK

ABER AUFSAUGEN WERDEN WIR GIERIG

NEUIGKEITEN AN DENEN WIR INTERESSIERT SIND

ODER AUCH DIE KRÜMEL VOM TEPPICH

MIT EINEM ENTSPRECHENDEN GERÄT

BABYAUGEN SUCHEN

DAS GESICHT DER MUTTER

DER HUND SUCHT

SEIN HERRCHEN ODER SEIN FRAUCHEN

DAS VERLEGTE WERDEN WIR BEHARRLICH SUCHEN

BIS WIR ES FINDEN

AUF FRAGEN WERDEN WIR ANTWORTEN SUCHEN

DOCH HABEN WIR BESCHWERDEN

UND WOLLEN HILFE

WERDEN WIR DEN ARZT DEN ANWALT

ODER EINEN MIT ENTSPRECHENDEN BEFUGNISSEN

AUSGESTATTETEN AUFSUCHEN

KÖCHINNEN STAMPFEN KARTOFFELN ZU EINEM BREI

DOCH WENN KNDER IM TROTZ AUFSTAMPFEN

DANN VERLANGEN SIE ETWAS MIT NACHDRUCK

MANCHMAL HAT SICH DAS AUFSTAMPFEN

SOGAR IN DAS ERWACHSENENLEBEN

HINÜBERGERETTET

DENKEN WIR NUR AN DAS MARSCHIEREN

DER AUTOMONTEUR MUSSTE FRÜHER

AN DER VERGASERSCHRAUBE SCHRAUBEN

UM DEN OPTIMALEN SPRITVERBRAUCH

UND DEN DARAUS FOLGENDEN ANTRIEB

ZU RICHTEN

HEUTE ÜBERNEHMEN COMPUTER

DAS STEUERN VON AUTOMATEN

FÜR DAS SCHRAUBEN BEI VIELEN TECHNISCHEN

FERTIGUNGSABLÄUFEN

ABER JEDE SELTERFLASCHE MÜSSEN WIR

IMMER NOCH MIT DER HAND AUFSCHRAUBEN

DAMIT WIR DEN INHALT GENIESSEN KÖNNEN

EBENFALLS WIE EINWECKGLÄSER

CREMEDOSEN ODER ZAHNPASTATUBEN

DIE SCHACHFIGUREN STELLEN WIR

ZUG UM ZUG

AN EINEN ANDEREN PLATZ

DOCH BEVOR WIR SPIELEN KÖNNEN

SOLLTEN WIR SIE REGELGERECHT AUFSTELLEN

SPORTCLUBS STELLEN IHRE TEAMS AUF

DIE GEGENEINANDER ANTRETEN

VOR EINEM FUSSBALLSPIEL

MÜSSEN SICH DIE SPIELER GEGENÜBER AUFSTELLEN

MÜCKEN STECHEN

UM IHREN LEBENSSAFT ZU BEKOMMEN

MENSCHEN STECHEN

AKKUPUNKTURNADELN IN DIE HAUT

UM ENERGIEFLUSS ANZUREGEN

DOCH EINE BRANDBLASE

SOLLTE KEIMFREI AUFGESTOCHEN WERDEN

WEIL DIE VERLETZUNGSABWEHRFLÜSSIGKEIT

SONST DIE HEILUNG VERZÖGERT

ANDERS IST DAS STECHEN IN SEE

DANN GEHT DIE REISE ENDLICH LOS

STEHEN KANN SOWOHL ERMÜDEND

ALS AUCH ERHOLSAM SEIN

NACH LANGEM SITZEN HABE ICH DAS BEDÜRFNIS

ZUM AUFSTEHEN

UM ANDERE MUSKELN ZU BELASTEN

MORGENS MUSS ICH ZEITIG GENUG

AUS DEM BETT AUFSTEHEN

UM DANN BEIM FRÜHSTÜCK NICHT IM STEHEN

DEN KAFFEE TRINKEN ZU MÜSSEN

WIR STECKEN VERSCHIEDENE BLUMEN

ZU EINEM BUKETT

ODER DIE KLEMME INS HAAR

DAMIT UNS DIE HAARE NICHT IM GESICHT HÄNGEN

WIR STECKEN DIE BÖRSE IN DIE TASCHE

DIE KOPFHÖRER VOM HANDY IN DIE OHREN

SPRECHEN WIR ABER VOM AUFSTECKEN

DANN BEDEUTET DAS AUFGEBEN

DAS ZIEL WIRD NICHT GLEICH ERREICHT

UND DESHALB RATEN UNS „SCHEINBARE" FREUNDE

DOCH ENDLICH AUFZUSTECKEN

PS :

ICH HABE ES VERMIEDEN

MEINE ZWISCHENDURCHZWEIFEL

ANDEREN ZU SAGEN

UND SO KONNTE MICH AUCH KEINER

DAZU BEWEGEN

AUFZUSTECKEN